Jylland

- de klassiske sange

Andre klassikere udgivet ved Poul Erik Kristensen:

Jeppe Aakjær:
Fra min bitte-tid (erindringer). 2016.
Drengeår og knøsekår (erindringer). 2016.
Hedevandringer (kultur- og naturbeskrivelse). 2016.
Vredens børn (roman). 2016.
Bondens søn (roman). 2016.
Arbejdets glæde (roman). 2016.
Vadmelsfolk (noveller). 2016.

Johan Skjoldborg:
En stridsmand (roman). 2017.
Gyldholm (roman). 2017.
Per Holt (roman). 2017.
Nye mænd (roman). 2018.
I skyggen (noveller). 2018

Henrik Pontoppidan:
Isbjørnen (roman). 2017.
Landsbybilleder (noveller). 2018.
Fra hytterne (noveller). 2018.

Alexander Rasmussen:
Forvalteren på Lindenborg (roman). 2017.

Red.

Poul Erik Kristensen

Jylland

- de klassiske sange

FSC
www.fsc.org
MIX
Papir fra
ansvarlige kilder
Paper from
responsible sources
FSC® C105338

Indhold

Forord

Nærværende lille samling af klassiske jyske sange er egentlig slet ikke lavet for eventuelle læseres skyld, men udelukkende for min egen. Jeg har lavet en samling af de digte, som jeg igennem mit liv har opfattet som specielt jyske.

Mere konkret kan jeg egentlig ikke sige det. Jeg vil ikke undvære *Jylland mellem tvende have*, selv om H. C. Andersen jo bestemt ikke var jyde. På den anden side er Johs. V. Jensens digte i min optik ikke specielt jyske. De er danske. Sådan har jeg det f.eks. også med *Jeg ved en lærkerede* og andre af Harald Bergstedts smukke digte. Nå, nu var han selvfølgelig heller ikke jyde, men mange af digtene er dog skrevet i Vendsyssel.

Måske burde jeg have medtaget nogle stykker af Anton Berntsens jyske dialektdigte, bl.a. *Mi nååbo, Pe sme*, og det gælder vel også Erik Bertelsens *Blæsten går frisk over Limfjordens vande*. Spørgsmålet er bare, om de er gamle nok til at være klassikere.

Jeg har haft endnu flere tanker oppe at vende, men tilbage stod Blicher, Aakjær og Skjoldborg. Det er dem, der har skrevet de digte, der for alvor er blevet de klassiske sange. Og når Aakjær er repræsenteret med langt de fleste, skyldes det både hans flid og hans mange smukke ord. Dog har en lang række helt fantastiske melodier også været med til at bevare netop hans sange.

Nogle af sangene er blevet redigeret, men kun med meget nænsom hånd. Rim, stavelser og versefødder består. Alle kan således synges lige fra bladet.

Dog er samlingen overhovedet ikke tænkt som en sangbog. Hvad med at glemme melodierne og så blot nyde de smukke tekster!

Poul Erik Kristensen

Kær est du fødeland

Kær est du fødeland, sødt er dit navn,
til dig står dine sønners stærke længsel.
Med lønlig magt vi drages til din favn;
hvert andet land mod dig er kun et fængsel!

Kun der er våren i sin fulde pragt,
kun der i al sin ynde som'ren smiler,
og skøn er selve vint'rens hvide dragt,
når den på vore barndomsegne hviler.

Ja, skønt er fjeldet med sin top af is,
skøn er den dal, som fossens bølge væder,
den gule ørken er et paradis,
når den har skuet barnets første glæder.

Min fødestavn er lyngens brune land,
min barndoms sol har smil't på mørken hede,
min spæde fod har trådt det gule sand,
blandt sorte høje bor min ungdoms glæde.

Skøn er for mig den blomsterløse vang;
min brune hede er en Edens Have -
der hvile også mine ben engang,
blandt mine fædres lyngbegro'de grave!

Steen Steensen Blicher 1814

Ouverture

Det er hvidt herude:
kyndelmisse slår sin knude
overmåde hvas og hård, –
hvidt forneden, hvidt foroven,
pudret tykt står træ i skoven,
som udi min abildgård.

Det er tyst herude:
kun med sagte pik på rude
melder sig den små musvit.
Der er ingen fugl, som synger;
finken kun på kvisten gynger,
ser sig om og vipper lidt.

Det er koldt herude:
ravne skrige, ugler tude,
søge føde, søge læ.
Kragen spanker om med skaden
højt på rygningen af laden,
skeler til det tamme kræ.

Hanen sig opsvinger
på en snemand; sine vinger
klaskende han sammenslår.
Krummer halsen stolt og galer –
hvad monstro han vil den praler?
Hvis endda om tø han spår!

Inderlig jeg længes
efter vår, men vint'ren strenges;
atter vinden om til nord!
Kom sydvest, som frosten tvinger!
kom med dine tågevinger!
kom og løs den bundne jord!

Steen Steensen Blicher 1838

Mads Doss

Mads Doss han war en kon koltringsknæjt,
han gek mæ foeren i hien,
imell så slow han lyng te en bejt,
imell så band han åu vien
en liim te hans muer, å så sång han imell,
di hoer ed så vit, nær han tow te å hwell:
La la luh – la la lih – kom! så skal a bih,
la la luh – la la lih – kom! så skal a bih.

Mett Kølvro war en kon stonthostøs,
gek åsse mæ foeren i hien,
å somti hun swedt, å somti hun frøs,
den drywwen slet ett hun ku li en.
Hon snøwsed imell, få hin dawwen wa lång,
iwessomda tahrt hon sin klukker, å sång:
La la luh – la la lih –kom! så skal a bih,
la la luh – la la lih – kom! så skal a bih.

Å somti di mødtes så his å så hæhr,
od mælmad, å språkked så knøwt da,
å let om let fek di hweranner så kjæhr:
jen kam, næ den åhn ga en hwøwt da.
Å næ di had ett, gek di hwæ te sit hjaer,
å sång, så de gjall owwe mosser og kjaer:
La la luh – la la lih – kom! så skal a bih,
la la luh – la la lih – kom! så skal a bih!

Såen gek da en sommer, å da gik flier.
Lieg kjærrester så de fann o da.
I hien kam di no ett møj mier,
men hjemm ve hweranner di lo da.
Å så bløw di gywt å behøwd ett å sønng,
som fahr di had gjow, i de båreste lønng:
La la luh – la la lih – kom! så skal a bih,
la la luh – la la lih – kom! så skal a bih!

Steen Steensen Blicher 1842

Jyden

Jyden han æ stærk å sej,
modde båd i nøj å nej;
/: goer ed op, å goer ed nier,
åller do fåtawt ham sier. :/

Føst næ dær æ nøe pofahr,
komme jyden ud å dar;
/: men han goer ett ind igjen,
fa' de uhn han hå gjent hen. :/

12

Læ wos ålti blyw ve de!
Fåer si båen ka kjennes ve!
/: Søen et sind da hær i noer
håll sæ ve, te ålt fågoer! :/

Steen Steensen Blicher 1846

Jylland

Jylland mellem tvende have
som en runestav er lagt,
runerne er kæmpegrave
inde midt i skovens pragt
og på heden alvorsstor,
her, hvor ørk'nens luftsyn bor.

Jylland, du er hovedlandet,
højland med skov-ensomhed!
Vildt i vest med klittag sandet
løfter sig i bjerges sted.
Østersø og Nordhavs vand
favnes over Skagens sand.

Heden, ja man tror det næppe,
men kom selv, bese den lidt:
lyngen er et pragtfuldt tæppe,
 blomster myldre milevidt,
skynd dig, kom! om føje år
heden som en kornmark står.

13

Mellem rige bøndergårde
snart dampdragen flyve vil;
hvor nu Loke sine hjorde
driver, skove vokse til.
Briten flyver over hav,
gæster her prins Hamlets grav.

Jylland mellem tvende have
som en runesten er lagt,
fortid mæle dine grave,
fremtid folder ud din magt;
havet af sit fulde bryst
synger højt om Jyllands kyst.

H. C. Andersen 1859

Ole sad på en knold og sang

Ole sad på en knold og sang,
la-la-la-la-la-la-la-la-la-la!
får og beder omkring ham sprang.
tra-la-la-la-la-la-la-la!

Lyngen sused', og skyen gled,
la-la-la-la-la-la-la-la-la-la!
udflugtslængsler i hjertet sved.
tra-la-la-la-la-la-la-la!

Heden stænged', og mindet spandt,
la-la-la-la-la-la-la-la-la-la!
moders øjne dog stærkest bandt.
tra-la-la-la-la-la-la-la!

Snart den ting dog blev åbenbar:
la-la-la-la-la-la-la-la-la-la!
minder gør ikke sagen klar.
tra-la-la-la-la-la-la-la!

Stak så Ole en dag i trav,
la-la-la-la-la-la-la-la-la-la!
stod med ét ved det store hav.
tra-la-la-la-la-la-la-la!

Øjet skinnede, tåren randt,
la-la-la-la-la-la-la-la-la-la!
intet mere i verden bandt.
tra-la-la-la-la-la-la-la!

Over havene hyrden fór,
la-la-la-la-la-la-la-la-la.la!
fårene står der endnu og glor.
tra-la-la-la-la-la-la-la!

Ej kan bede og får forstå
la-la-la-la-la-la-la-la-la-la!
længslers tog over bølgen blå.
tra-la-la-la-la-la-la-la!

Jeppe Aakjær 1899

15

Min hjemmen

Jeg er født på Jyllands sletter,
der hvor lam af lyngen nipper,
der hvor hvergarnsklædt og liden
moder tørred' sine stripper.

Helst jeg mindes sommerkvælden,
når de tunge stjerner tændtes,
medens under portens mørke
stud og hors af selen spændtes.

Rugen stod mod lervægsgavlen,
bøjet svagt af junidræet;
duggen faldt på gøgens vinge,
hvor han gol i hyldetræet.

Koen stod med reb om øret
ved en frønnet vognkæp bunden
med en kat på hver sin side
og med drøvets drevl fra munden.

Inde var kun lavt til loftet,
månen kasted' lys i stuen;
bedstefar i lædertrøjen
stavred' om ved skorstensgruen.

Mor gled ind ad frammesdøren,
slæbende på malkespanden;
snart har koens varme drikke
fyldt hver barnekop til randen.

Far kom kroget ind fra stalden,
hængte trøjen op ved bjælken,
spiste tavs, indtil han sagde:
"Lad os takke Gud for mælken!"

Bad vi da i lys fra månen,
som kun børn og bønder beder,
medens tunge stjerner tændtes
over brede, tavse heder.

Jeppe Aakjær 1901

Jens Vejmand

Hvem sidder der bag skærmen
med klude om sin hånd,
med læderlap for øjet
og om sin sko et bånd?
Det er såmænd Jens Vejmand,
der af sin sure nød
med ham'ren må forvandle
de hårde sten til brød.

Og vågner du en morgen
i allerførste gry
og hører ham'ren klinge
på ny, på ny, på ny,
det er såmænd Jens Vejmand
på sine gamle ben,
som hugger vilde gnister
af morgenvåde sten.

Og ager du til staden
bag bondens fede spand,
og møder du en olding,
hvis øjne står i vand,
det er såmænd Jens Vejmand
med halm om ben og knæ,
der næppe ved at finde
mod frosten mer' et læ.

Og vender du tilbage
i byger og i blæst,
mens aftenstjernen skælver
af kulde i sydvest,
og klinger hammerslaget
bag vognen ganske nær,
det er såmænd Jens Vejmand,
som endnu sidder dér.

Så jævned' han for andre
den vanskelige vej,
men da det led mod julen,
da sagde armen nej;

det var såmænd Jens Vejmand,
han tabte ham'ren brat,
de bar ham over heden
en kold decembernat.

Der står på kirkegården
et gammelt, frønnet bræt;
det hælder slemt til siden,
og malingen er slet.
Det er såmænd Jens Vejmands.
Hans liv var fuldt af sten,
men på hans grav – i døden,
man gav ham aldrig én.

Jeppe Aakjær 1905

Jylland

Der dukker af disen min fædrene jord
med åser og agre og eng;
med ryggen mod syd og med tåen mod nord,
den redte bag sander sin seng;
dog ej for at sove retfærdiges søvn,
thi sjældent er landet i ro,
men stormene går,
og brændingen slår
på kysten med djærveste kno.

Der ruller de bække så tungt gennem dal,
langmodigt ta'r åen imod
og skrider til havs i en bugtet spiral,
forinden den drev det til flod.
Men hvor den kan glitre en sensommerkvæld,
når laksen går op mod dens strøm,
når siv og når flæg,
får dugstænk i skæg,
og dagen går bort som en drøm.

De bredeste enge, jeg nogen tid så,
her duger det mossede svær;
blankhornede høvder på ravgullig tå
går rundt i de knortede kær.
Her vokser sig plagen så trind om sin lænd
i højengens vældende saft;
så rød er dens lød,
dens mule så blød,
dens koder de fjedrer af kraft.

Og ræven han slikker bag diget sit ben
og soler sin syndige krop;
og haren hun snuser til agerens sten
og gør over stubbene hop;
og odderen plumper i favnedybt høl
for jæger og hund i behold,
men hjejlernes hær,
den flokker sig der,
hvor hugormen lurer i knold.

Mørkt stiger en høj over kornhavet op,
med blåbær og lyng er den klædt;
blandt risenes ranker en lærke med top
sig gynger og kvidrer så spædt.
Det bølger af rug imod kimingens rand,
i dale, på banker den står,
får runding og form
i godt vejr og storm –
som barnet, mens gængerne går.

Det lufter i lyng, og det ringler i rug,
det sprager i agrenes strå;
højt skyerne drejer den dampspændte bug
og skygger en stund for det blå.
Vildt bierne tørner om husmandens gavl
mod kuben bag grønkål og løg.
I udflyttergård
mod porthjaldet slår
et ekko af rimmende øg.

Her lå der engang på en spergelgrøn toft
et hjem med sin skorsten på hæld.
Det havde en enkelt rad pølser på loft,
men ellers kun armod og gæld.
Dog havde det svaler bag forstuedør
og blomster om sokkel og syld
og malurt på væg;
og hønen la' æg
i skjul af den krogede hyld.

Her sad hun og spelted' min bøjede mor,
Ind under den bjælke så lang
og delte sit bryst mellem mig og min bror,
imens så vemodigt hun sang.
Nu ligger hun hist under stendigets hæld
i krogen, hvor valmuer står;
gør verden fortræd,
tog sorgen min fred,
så sagte med lågen jeg går.

Hvad var vel i verden det fattige liv
med alt dets fortærende tant,
om ikke en plet med en dal og lidt siv
vort hjerte i skælvinger bandt!
Om ikke vi drog fra det yderste hav
for bøjet og rynket at stå
og høre de kluk,
de mindernes suk
fra bækken, vi kyssed' som små!

Velsignede land, hvor i stormvejret bor
et folk, som er øvet i savn,
jeg ejed' vel aldrig et gran af din jord,
som hjemløs jeg kvitted' min stavn.
Du rakte mig ud fra dit stenede krat
en høstnat så kroget en stav;
når staven er brudt
og livsgangen slut,
kanske du da skænker en grav.

Jeppe Aakjær 1905

Endnu et bitte nyk

Han Ole bor på heden
med sand og al forneden,
med rugen svang og sveden
og spergelhøst for byg.
Ved sliddet tungt og treven
med spanden og med greben
er Oles mundheld bleven:
”Endnu et bitte nyk!”

Går stud i stå for ploven,
og ømmer den på kloven,
mens kragen tyr mod skoven,
og solen går i syk, -
er barnet lagt til puden,
blev pråsen tændt bag ruden,
det lyder end til studen:
”Endnu et bitte nyk!”

Og kvinden ved hans side
fik også tit at vide,
hvor solens brand kan svide
en gammel kroget ryg;
man hører hakkers klingen,
men knurren hører ingen,
de enes godt om tingen:
”Endnu et bitte nyk!”

Og sumpens siv fortrækker,
og vidjen våben strækker,
hvor Ole alen brækker
med stålets plumpe pløk;
og hønen går og skralder,
og studen næsten falder,
mens Oles stemme kalder:
"Endnu et bitte nyk!"

O, I som bo og bygge
i tavse bøges skygge
og føle jer så trygge
mod hedemandens tryk,
husk på, at fædrelandet,
at Danmark blev et andet
på mulden som på sandet
ved slige bitte nyk.

Vort land skal gro og grønnes,
dets hvide kyst forskønnes,
selv lyngens søn skal lønnes
for tusind tunge ryk,
blot længe det må lyde
fra by – som landsbygyde,
fra øbo som fra jyde:
"Endnu et bitte nyk!"

Jeppe Aakjær 1906

Stensamlersken

Hvi vanker du gamle kvinde dér
på agren agter og frem?
I forårsmorgenens første skær
forlod du hungrig dit hjem.
Hvad sanker du op af den riges rug,
fattige Ane Malén?
Finder du noget for disk og dug?
”Jeg finder kun sten.”

Hun tripper af sted foruden ro
som én, der jages i drøm,
mens duggen væder de hullede sko
og skørtets flossede søm;
jeg ved jo nok, hvad du tænker på,
fattige Ane Malén:
Derhjemme græder for brød de små,
her sanker du sten!

Det knækker af gigt i de gamle knæ'r,
forinden hun skørtet får fyldt;
så vandrer hun hen til dyngen dér
og slipper sin trælse bylt.
Tro ej, hun drømmer om dug og sligt,
fattige Ane Malén –
hun tænker på davre og ej på digt,
hun sanker jo sten.

Mens dagen fødes så blank og ny,
og solen runder sin bug,
din fattige skygge går som en sky
hen over den riges rug.
Det er mig så sært at tænke på,
fattige Ane Malén:
Hvor andre sanker sig kærv og strå,
der sanker du sten.

Jeppe Aakjær 1906

Sundt blod

Jeg bærer med smil min byrde,
jeg drager med sang mit læs;
jeg er som den vilde hyrde,
der genner sit kvæg på græs.

Se, duggen driver fra norden
hen over det bøjede korn,
mens solen stiger af jorden
imellem oksernes horn!

Jeg ser over tindrende marker
og langt mod den blånende fjord,
jeg stirrer på sejlende arker,
men finder ej tolkende ord.

Jeg slænger skalmejen for munden;
jeg trækker så lang dens lyd,
at kilderne klukker i lunden,
og bukkene bræger af fryd!

Hvor kan I dog gruble og græde,
så længe Guds himmel er blå!
Mit hjerte skælver af glæde,
blot duggen dynker et strå.

Jeppe Aakjær 1906

Når rugen skal ind

Nu er det længe siden,
men end det gemmes i mit sind,
hvordan i barndomstiden
den kære rug kom ind,
hvordan dens kernetunge top
ved moders svage kræfter
blev lagt i lugen op.

Først bredte mor et klæde
så ømt som nogen højtidsdug;
der måtte ingen træde
med sko i høstens rug;
så fejed' hun med limens rest
hvert snavset strå til side
som for en hædersgæst.

Den kære rug var gæsten,
som gjorde hvert et barn så spændt;
se, far han lægger vesten
og ser så indadvendt:
En skælven i et ydmygt sind,
en bøn til altets skaber,
før avlen bringes ind.

Så fatter far om spaden
og graver i det gule klæg
to huller langs med laden
foran den hvide væg;
i dem skal vognens fælger slå
og stå som i en fælde,
til væltningen går på.

Og vognen værdigt skrider;
det første læs for lugen står,
ud fra dets tunge sider
så dybe skygger slår.
De varme øg i nip og nap
af moders milde hænder
får aks og mule-klap.

Og alle hænder jager,
og alle fødder er i rend;
i støvet læsset brager
for brede rygges spænd.
Højt svinger hjulet som et rat,
og på dets drejeskive
har børnene sig sat.

Mor ta'r på neget sæde
og linner lidt ved båndet skørt:
"Det er endda en glæde,
når kornet er så tørt!"
Og med sin matte, spinkle arm
hun løfter rugens tvilling
ind ad den lave karm.

Og neg for neg forsvinder
og bliver under bjælken sat;
og far får røde kinder
og spindelvæv om hat.
Men mor er lige hvid og bleg,
hvor meget hun end stræber
med rugens tunge neg.

Det går mod aftentide;
snart skinner månen fuld og rund
på gavl og vægge hvide
og ned i vognens bund.
Mor standser træt og titter ind;
far kommer hen til lugen
og klapper hendes kind.

Og barnet, som har løbet
sig træt i dagens muntre leg,
det er nu stille krøbet
ind under hjulets eg;
dér høres dette skarpe knald
fra vognens fjæl mod sandet
af ørentvistens fald.

Og mellem hjulets eger
går stjerneblink og måneskin,
og milde vinde hveger,
mens barnet slumrer ind.
Så slutter far i Jesu navn,
og hjemmet går til hvile
med høsten i sin favn.

Jeppe Aakjær 1906

Ved rugskellet

Anna var i Anders kær, men knibsk alligevel,
mødte dog sin hjertenskær på rugens gamle skel,
satte sig i græsset ned blandt klokkeblomster bly,
og tog så op sit fingerbøl og gav sig til at sy.
Dyre du og dig!
dingeli – og – lej,
dikkedu – og – dikkedi,
og dingelu – og lej!

Solen glimted' ellevild i Annas fingerbøl,
snerrens sennepsgule blomst hang fuld af brune møl.
Lærken sang, og luften drev med dræ og duft af pors;
Annas ankelslanke ben var lagt så let i kors.
Dyre du og dig!
dingeli – og – lej,
dikkedu – og – dikkedi,
og dingelu – og lej!

30

Anders sad og fingred' tavs om pibekandens fals,
så, hvor rugens vipper strøg om Annas brune hals,
hørte, hvor de sølverlo og lokked' flere til;
vipperne, de luxer små, de kysser, hvor de vil.
Dyre du og dig!
dingeli – og – lej,
dikkedu – og – dikkedi,
og dingelu – og lej!

Banked' han så piben ud imod sin støvletå,
lagde kritisk øjet til og rensed' med et strå,
smed så brat det hele hen og rykked' farlig nær,
hvisked' om den brune hals og alt det fine vejr.
Dyre du og dig!
dingeli – og – lej,
dikkedu – og – dikkedi,
og dingelu – og lej!

Annas rappe, blanke nål i luften standsed' lidt;
armens fine strakte rund fortoned' sig i hvidt.
Greb han da på samme tid om hals og vipper små,
Kyssed' Annas kind og mund om kap med rugens strå:
Dyre du og dig!
dingeli – og – lej,
dikkedu – og – dikkedi,
og dingelu – og – lej!

Nål og tråd ved første kys i snerren sank af skræk;
Annas nye fingerbøl det trilled' også væk.
Klinten på sin lange hals sig rejste for at glo;
bittesmå mariehøns løb over Annas sko.

Dyre du og dig!
dingeli – og – lej,
dikkedu – og – dikkedi,
og dingelu - og – lej!

Mens som amoriner små opsteg de brune møl,
gylden ring blev lovet hen for tab af fingerbøl.
Rugen ringled' vidt og bredt om kys og kærlighed;
hvad det mindste aks har hørt, den hele ager ved.
Dyre du og dig!
dingeli – og – lej,
dikkedu – og – dikkedi,
og dingelu – og – lej!

Jeppe Aakjær 1906

Mors rok

Spurven sidder stum bag kvist;
såmænd, om ej det fyger!
Kålgårdspilen piber trist
for nordenblæstens byger.
Lul, - lul! rokken går
støt i moders stue,
og jo mere vinden slår,
des mer får arnen lue.

Skarpe smæld af branket malt
og karters kåde skratten,
fjerne grynt af husets galt
og barneleg med katten.
Lul, - lul! rokken går,
flittig foden træder,
kun så længe hjulet står,
som lillesøster græder.

.

Far har røgtet kvæget ind,
med halmen tættet karmen,
gnedet grisens blanke skind,
at den må holde varmen.
Lul, - lul! rokken går,
far mod stuen stiler,
mor en bugt på tråden slår,
ser op på far og smiler.

Barnet i sin mørkningskrog
ta'r søvnig til at gabe,
snart det vil sin billedbog
af de små hænder tabe.
Lul, – lul! rokken går,
ild om gryden slikker,
vejrets svøb om gavlen slår,
og hagl mod ruden klikker.

Mor kan næppe se sit spind
og næppe tråden mage;
hej, da bæres lyset ind
og stilles i sin stage.

Lul, - lul! rokken går,
tenens rappe vinge
over fyrrebjælken sår
en skok af skyggeringe.

Pigen nys fra gruens glød
svang bort den sorte gryde,
sænked' den i sengens skød
for grødens trods at bryde.
Lul, -. lul! rokken går,
nadverbordet samler;
store sidder, mindre står
på bænk og bitte skamler.

Far ta'r ned så tung en bog,
med Gud han hvisker sammen,
famler lidt ved spændets krog
og lukker med et: Amen!
Lul, - lul! rokken går,
ensomheden synger,
mulmet tæt om taget står,
og sneen går i dynger.

Her ved moders gamle rok
hun lærte mig at stave,
synge om "den hvide flok"
og "al hans nådegave".
Lul, - lul! rokken står!
men dens nyn og sange
vemodsfuldt mod hjertet går,
når kvældene bli'r lange.

Jeppe Aakjær 1910

34

Nu er dagen ...

Nu er dagen fuld af sang,
og nu er viben kommen,
bekkasinen natten lang
håndterer elskovstrommen.
Plukke, plukke dugget strå,
plukke, plukke siv ved å,
plukke, plukke blomster.

Engen er nu gyldengul
af tunge kabbelejer,
søndenvinden byder op,
og dueurten nejer.
Plukke, plukke dugget strå,
plukke, plukke siv ved å,
plukke, plukke blomster.

Dammen ligger dagen ud
med brudelys i hænde,
rækker højt de ranke skud,
at solen må dem tænde.
Plukke, plukke dugget strå,
plukke, plukke siv ved å,
plukke, plukke blomster.

Nu vil mø med silkestik
på brudelinet sømme;
den, som ingen bejler fik,

hun ta'r sig en i drømme.
Plukke, plukke dugget strå,
plukke, plukke siv ved å,
plukke, plukke blomster.

Ræk mig en forglemmigej
og sidst en krusemynte,
sådan slutter vi vor leg
så glad, som den begyndte.
Plukke, plukke dugget strå,
plukke, plukke siv ved å,
plukke, plukke blomster.

Jeppe Aakjær 1911

Nordovst

Sneflokke kommer vrimlende
hen over diger trimlende,
det knyger ud af himlene,
det sluger hegn og gård,
det ryger ind ad sprækkerne
til pølserne på rækkerne,
og fårene ved hækkerne
får blink i pelsens hår.

Og poplerne bag mønningen,
de duver dybt i dønningen,
og over stakkegrønningen

omtrimler kærv og neg,
det klaprer én om ørene,
fra portene og dørene,
bag hvilke de små Sørene'
har rustet sig til leg.

Og gammelmor i klokkerne
med huen og grålokkerne,
hun haler op i sokkerne
og ser forsagt derud,
for nu er kålen liggende,
og nu står tjørnen stikkende
og spidder sne på piggene,
og nu kom Kjørmes Knud!

Jeppe Aakjær 1916

Havren

Jeg er havren, jeg har bjælder på,
mer' end tyve, tror jeg, på hvert strå.
Bonden kalder dem for mine fold.
Gud velsigne ham, den bondeknold!

Jeg blev sået, mens glade lærker sang
over grønne banker dagen lang;
humlen brumled' dybt sin melodi,

og et rylefløjt gled ind deri.
Viben fløj om brak og pløjemand
og slog kryds for både plov og spand.
Kryds slog bonden også over mig
for at gi' mig helse med på vej.

Mens i dug jeg groede fod for fod,
groede sangen sammen med min rod;
den, som ydmyg lægger øret til,
hører lærkens triller i mit spil.

Det kan kolde hjerner ej forstå:
Jeg er lærkesangen på et strå,
livets rytme døbt i sommerdræ,
mer' end gumlekost for øg og fæ.

Søndenvinden, o! han har mig kær;
derfor kan han aldrig la' mig vær',
smyger sig med hvisken til mig ind
nu ved højre, nu ved venstre kind.

Når han puster på min gule top,
må jeg vugge med ham ned og op,
indtil alle mine bjælder går,
som når gyldne hamre sammen slår.

Juniregnen gjorde myg min muld,
julisolen gav mig af sit guld,
sundhed risler mig i top og skaft.
Det er derfra plagen har sin kraft.

Jeg er ven med dug og grødevejr,
ven med landets lyse bøgetræer,
ven med al den danske sæd, som gror
øst for hav og vest for sund og fjord.

Jeg får solens sidste lange blink,
før den dukker ned bag gullig brink,
og når aftenklokken ringer fred,
står jeg på min tå og ringler med.

Jeg skal ringle barnet til dets seng,
ringle tågen op af sump og eng,
ringle freden over hjemmet ind,
ringle bønnen frem i fromme sind.

Jeg er havren. Mine bjælder går
over lyse vange år for år,
ringler om, hvor sang og kærve gror
herligt sammen på den danske jord.

Jeppe Aakjær 1916

Skuld gammel venskab

Skuld gammel venskab rejn forgo
og stryges fræ wor mind?
Skuld gammel venskab rejn forgo
med dem daw så læng, læng sind?
Di skjønne ungdomsdaw, åja,
di daw så svær å find!
Vi'el løwt wor kop så glådle op
for dem daw så læng, læng sind!

Og gi så kuns di glajs en top
og vend en med di kaw'.
Vi'el ta ino en jenle kop
for dem swunden gammel daw.
Di skjønne ungdomsdaw, åja,
di daw så svær å find!
Vi'el løwt wor kop så glådle op
for dem daw så læng, læng sind!

Vi tow – hwor hår vi rend om kap
i'æ grønn så manne gång!
Men al den trawen verden rundt
hår nu gjord æ bjenn lidt tång.
Di skjønne ungdomsdaw, åja,
di daw så svær å find!
Vi'el løwt wor kop så glådle op
for dem daw så læng, læng sind!

Vi wojed sammel i æ bæk
fræ gry til høns war ind.
Så kam den haw og skil wos ad.
Å, hwor er æ læng, læng sind!
Di skjønne ungdomsdaw, åja,
di daw så svær å find!
Vi'el løwt wor kop så glådle op
for dem daw så læng, læng sind!

Der er mi hånd, do gamle swend!
Ræk øwer og gi mæ dind.
Hwor er æ skjøn å find en ven,
en håj mist for læng, læng sind!
Di skjønne ungdomsdaw, åja,
di daw så svær å find!
Vi'el løwt wor kop så glådle op
for dem daw så læng, læng sind!

Robert Burns 1788
Jeppe Aakjær 1927

Husmandssangen

Når vinteren rinder i grøft og i grav,
og rugens de krøllede blade
sig ranker i solen, som spejles i hav,
jeg griber med længsel, jeg ved knap deraf,
min hakke, min skovl og min spade.

Jeg hvæsser på stenen den rustnede æg
og retter den bøjede plade;
så springer jeg uden for mur og for væg,
hvor marken har klumper, og mosen har klæg,
med min hakke, min skovl og min spade.

Jeg lytter til vårens det syngende kor,
til lærken den jublende glade,
vi kender hinanden fra som'ren i fjor,
den kvidrer, jeg grøfter og graver min jord
med min hakke, min skovl og min spade.

Når solen går ned i et luende bål
bag lynghedens vidtstrakte flade,
jeg retter min ryg, og jeg skimter et mål,
da blåner og blinker det blankslidte stål
i min hakke, min skovl og min spade.

Johan Skjoldborg 1897

Der vokser skov på heden

Endnu engang forynger
sig gamle Danmarks jord;
det suser i de unge graners toppe;
det suser og det synger
om mænd i fædres spor
med stolte viljer og med stovte kroppe.
Der vokser skov på heden,
der vokser også mænd.

Når gamle skove fældes,
der før har rakt mod sky,
det unge frem af undergrunden skyder;
når gamle slægter ældes,
der fødes atter ny,
som fanen svinger, og som vejen bryder.
Der vokser skov på heden,
der vokser også mænd.

Hen over Jyllands heder
de nye tider gryr
med mandemod og stille, stærke kvinder.
Se skovene sig breder,
og folket sig fornyr;
en glædens strøm igennem brystet rinder.
Der vokser skov på heden,
der vokser også mænd.

Johan Skjoldborg 1915

Du husmand

Du husmand, som ørker den stridige jord
og vover din arm og din bringe,
som drager det første kulturens spor
med plovjernets sølvblanke klinge,
mer' ridder du er med din barkede hånd
end mange, der pyntes med stjerner og bånd
og tripper på bonede gulve.

Du rydder til samfundet bredere grund
derude på lyngen og sandet,
du vinder dig ager hver arbejdets stund
og lægger din vinding til landet,
men stille du øver din dont og din dåd;
hvor andre kun kender en kugle til råd,
du krummer til tag dine næver.

Du lærer, hvorledes man bygger sig hjem,
du gamle og bøjede slider!
Det lære du mig og det lære du dem,
der trætte ad asfalten glider,
og manddom, den banende viljes vægt,
du sanker i arv til den kommende slægt,
der fostres i udmarkens hytter.

Du stridsmand, du stille kulturens soldat,
som ikke har rang iblandt helte,
som regnes for intet mod den akrobat,

der springer i gøglernes telte,
for dig mine døre jeg åbner til fest,
kom, hvil dig og vær du min hædrede gæst!
Med hynder skal bredbænken prydes.

Og segner en dag du på valpladsen ned,
en fremmed i menneskevrimlen,
og lyder ej anden slags tale derved
end trækfugleflugt under himlen,
jeg søger din grav, og jeg rejser dig sten,
en bauta på heden, et minde fra en,
der synger en sang om dit virke.

Johan Skjoldborg 1915

Hjemmet

Min plet af fødelandets jord
kun ringe er at skue,
og snæver er min grænses spor;
kun to fag er min stue.
Men det er mit og Marens hjem
i lyse kår og trange,
og tit bag hyld og piles gem
vi synger glade sange.

Nu lidt til lidt og småt til småt
det vel til større vokser;
jeg pløjer jorden dybt og godt
med mine seje okser.
Når troskab adler håndens værk
og sindets bedste tanker,
da gror i stilhed lykken stærk,
da blomstrer aks og ranker.

Vel har jeg ikke adelsbrev,
af hartkorn blot det lave,
men et min ret og adkomst blev,
mit hus, min toft, min have.
Og det er mit og Marens hjem
i lyse kår og trange,
og tit bag hyld og piles gem
vi synger glade sange.

Johan Skjoldborg 1915